Werner Roll

Bemalte und bedruckte STEINE

Frech-Verlag Stuttgart

Steinparadiese

Überall begegnet man dem Riesenheer von großen und kleinen, runden, länglichen, ovalen und flachen Steinen. Wie verlockend zum Sammeln sind diese doch durch ihre Buntheit kurz nach einem Regenschauer!

Überzeugen Sie sich selbst einmal davon. – Zu finden sind sie auf Baustellen, bei Spaziergängen auf abgelegenen Wegen, auf mit Steindrainagen versehenen Wirtschaftswegen, am Rande steiniger Äcker, entlang von Böschungen, an Ufern von Bächen sowie an Flüssen und Seen. – Vergnügte Radtouren mit der ganzen Familie, mit Freunden und Bekannten, erhalten so ein neues Ziel.

Vielleicht ist in der Nähe Ihres Wohnsitzes eine Kiesgrube. Wenn Sie den Besitzer um Einlaß bitten, wird er Ihnen sicher gestatten, daß Sie auf den mit Planierfahrzeugen zurechtgerückten, nach Steingrößen sortierten großen Kieshalden einige Steine aufsammeln. Selten finden Sie an einem anderen Ort eine so riesige Auswahl an wohlgeformten und skurrilen Steinen. Dort gibt es auf den Halden mit größeren Exemplaren auch gespaltene Stücke, die der vorausgegangenen wenig sanften Behandlung nicht standgehalten haben. – Beispiele auf Seite 8 zeigen Ihnen, daß man solche Steine ebenso verwenden kann.

Weitere Fundstellen dürften Sie auf Ferienfahrten und Urlaubsreisen entdecken, sei es im Gebirge oder an einem herrlichen Meeresstrand. – Übermitteln Sie einmal Ihren Lieben daheim die Grüße auf einem an Ihrem Urlaubsort gefundenen interessanten Stein! Sammeln Sie auf Steinen

Autogramme von liebgewonnenen Urlaubsbekanntschaften; diese erinnern Sie vielleicht später an „unvergeßliche“ Ferienerlebnisse. Denken Sie mal darüber nach, ob Sie dieses herrliche Hobby nicht an verregneten Urlaubstagen entspannen könnte! – Was Sie für dieses Hobby brauchen, dürfte bestimmt in Ihrem Gepäck noch ein kleines Plätzchen finden.

Gesammelte Steine

Die gesammelten Schätze werden gründlich in Wasser, dem etwas Spülmittel zugesetzt wird, gereinigt. Dies geschieht am besten mit einer Bürste, um eventuelle Fettspuren zu beseitigen.
Bewahren Sie die Steine, wenn es viele sind, möglichst nach Größen sortiert in rostfreien Blech- oder Plastikdosen, Eimern, Körben, festen Kartons und ähnlichen Behältnissen auf. Dies erleichtert später das Suchen und fördert den Spaß an diesem Hobby, bei dem es immer Neues zu entdecken gibt.

Eine ganze Reihe von wertvollen Anregungen bietet Ihnen dieses Bändchen. Wir fangen an mit geklebten Steinen ohne jegliches Dekor, besprechen dann bemalte, bedruckte und schließlich mit Monotypien versehene Stücke.

Zunächst sollten Sie sich jedoch ganz von Ihrem gesammelten Material anregen und leiten lassen und die in diesem Bändchen gezeigten Beispiele weitgehend nur als Leitfaden benutzen. – Sicher machen Sie sich schon beim Sammeln darüber Gedanken, was aus diesem oder jenem Stein einmal werden soll. Nehmen Sie solche Exemplare zuallererst wieder aus Ihren gesammelten Schätzen heraus und beschäftigen sich weiter mit ihnen. – Wie spannend kann es werden, wenn man die noch nicht für etwas vorgesehenen harten Gesellen in den Fingern, auf der Hand oder auf dem Tisch hin und her dreht oder schiebt, um nach einem guten Einfall Ausschau zu halten.
Haben Sie Steine mit lebendigen Strukturen und schönen Farbtönen, dann fügen Sie diese von der Natur gegebenen Geschenke harmonisch in Ihren Entwurf mit ein. Manchmal genügt schon ein aufgemaltes Auge und ein Mund, um aus solch einem Stein irgendein Fabelwesen entstehen zu lassen. – Es gibt ja noch genug andere Steine, die man, wenn man will, farbenprächtig bemalen kann.
Etwas Kopfzerbrechen dürften uns die von der Form her interessanten, jedoch stark porigen Steine machen. Porige und rissige Steine, die man unbedingt bemalen oder bedrucken möchte, kann man mit Moltofil ausspachteln. Die Spachtelmasse läßt man gut trocknen, glättet die Fläche mit feinem Schleifpapier und grundiert sie danach mit PLAKA- oder TAMMA-Farbe.

Geklebte Steine

Lassen Sie vor allem Steine, die Sie kleben oder bekleben wollen, zuerst gut trocknen! Beim provisorischen Zusammenkleben machte ich mit doppelseitigem *Tesa-Klebeband* gute Erfahrungen. – Manchmal möchte man ja zuerst nur etwas ausprobieren. – Diese Klebestreifen kann man mühelos wieder entfernen, ohne sich über irgendwelche unbeliebten Rückstände auf dem Stein ärgern zu müssen.

Zum endgültigen Kleben nimmt man einen *Zweikomponentenkleber.* Stabilit-Express hat sich hier bestens bewährt. Dieses Gemisch von Härter und Harz muß zwar in ca. 8 Minuten verarbeitet sein, hat aber den Vorteil, daß es nach etwa 20 Minuten abgebunden hat. Nach 1 Stunde erreicht dieser Kleber seine Endfestigkeit. Haben Sie eine größere Anzahl von Teilen zu kleben und möchten nicht so oft anmischen, sollten Sie mit einem *Ultra-Kleber* arbeiten.

Bei diesem muß man sich allerdings etwa 8 Stunden gedulden, bis eine feste Verbindung zustande kommt. – Überschüssigen Klebstoff auf dem Stein schabt man vorsichtig mit einem Messer ab.

Zum Abstützen bestimmter Teile, die man ankleben möchte, verwendet man *Plastilin, Knetgummi* oder die dauerelastische Modelliermasse *Nakiplast.* – Die am Stein durch die Knetmasse sich eventuell bildenden fettigen Stellen lassen sich später mühelos mit *Reinigungsbenzin* entfernen. – Unbemalte Steine kann man, um deren Leuchtkraft zu erhöhen, mit *farblosem Lack* überziehen oder mit *farblosem Bohnerwachs* einreiben.

Bemalte Steine

Wenn es Ihnen zu riskant erscheint, gleich mit Pinsel und Farbe loszulegen, dann zeichnen Sie mit einem *Bleistift* das Motiv zunächst leicht vor. Beim Vorzeichnen und anschließendem Malen erleichtert Ihnen ein Buch oder ein entsprechender Gegenstand, der die Höhe des Steines hat, das Arbeiten beträchtlich.

Zum Bemalen nimmt man *PLAKA*- oder *TAMMA*-Farben. Es können auch *Bastelfarben* von Marabu, *LUKAS ACRYL PAINT, AQUATEC*-Farben sowie *Tempera,* wenn diese mit Leim (speziell für Farben) vermischt und dadurch wischfest gemacht wird, verwendet werden. Den Jüngsten unter uns besorgen wir am besten *Fingerfarben.*

Auf helle Steine sowie auf dunkle mit PLAKA- oder TAMMA-Weiß grundierte, können Sie auch mit *Wachsmalfarben* oder *Filzstiften* arbeiten.

Bei der Beschaffung von Farben dürften zunächst – oder überhaupt – Schwarz, Weiß, Gelb, Blau und Rot ausreichen. – Weiß und Schwarz ergeben gemischt viele Grauwerte, Gelb und Blau eine beachtliche Grünskala, aus Gelb und Rot wird Orange, Rot und Schwarz gemischt ergibt Braun. Sämtliche Farbtöne können mit Weiß aufgehellt oder mit Schwarz gebrochen werden. – Die Farben mischt man auf einem Plastikdeckel, einer Glasscheibe oder einem alten Unterteller.

Einen Ratschlag zum Farbauftrag heller Farben auf dunkle Steine, die nicht mit Weiß grundiert worden sind: Tragen Sie in solchen Fällen die Farben nicht zu dick auf, sondern wiederholen Sie den Farbauftrag nach dem jeweiligen Trockenprozeß.

Zum Schutz der Farben auf den Steinen nimmt man *farblosen Lack* (Zaponlack),

der mit einem *Flachpinsel* mit weichen Haaren aufgestrichen wird. – Für Steine, auf die Fingerfarben aufgetragen wurden, empfiehlt sich *„farbloser" Sprühlack.*

Beim Kauf von Pinseln sollten Sie nicht geizig sein. Die handelsüblichen Schulpinsel verderben nämlich sehr bald den Spaß am Steinebemalen. Entscheiden Sie sich deshalb für *Marderhaar-Pinsel.* Für feinere Arbeiten nimmt man Nr. 1 oder 2 und für gröbere Ausführungen Nr. 4 oder 5. Der beste Pinsel taugt jedoch nichts, wenn er nicht gepflegt wird! – Unterläßt man das Auswaschen eines Pinsels nach getaner Arbeit, wird dieser für feineres Malen unbrauchbar. Bleibt er im Wasser stehen, biegt er durch und das weitere Arbeiten mit einem „Türkensäbel" vermiest Ihnen ebenfalls dieses Hobby.

Mini-Bilder auf flachen Steinen

Die Form von steinernem Schmuck, bei dem ein wohlgeformter, flacher und glatter Stein als „Leinwand“ für ein Mini-Bild dient, erfreut sich gerade bei der Jugend großer Beliebtheit. Aus der großen Zahl der Beispiele kann jeder seine Anregungen beziehen. Es gibt ja so viele Gelegenheiten für ein kleines Geschenk oder Souvenir. Ein Geschenk wird natürlich aufgewertet, wenn es so hübsch verpackt ist, wie das Bild links oben zeigt.

Solche Steine – vielleicht mit dem Datum auf der Rückseite – können auch als originelle Tischdekoration dienen, wobei jeder Gast seinen Stein als Erinnerungsstück mitnehmen darf.

Dekorative Gruppen

Vergessen Sie bei so vielen Souvenir-Freunden nicht sich selbst! Wie lebendig wird z.B. Ihre Blumenbank mit diesem Paar mit Hund, Hase und Schildkröte? Wie originell ist die Besiedlung des Setzkastens oder die Gruppe auf dem Bücherbord?

Gestalten wir das Drumherum unserer Modelleisenbahn doch einmal etwas ausgefallener. Es müssen ja nicht immer die fertig angebotenen Häuschen und Bäumchen aus einem Spielwarengeschäft oder Kaufhaus sein. Kleine Steinfiguren und -tiere ergänzen einen solchen Aufbau und beleben das Ganze auf recht individuelle Weise.
Wie man „Bauwerke“, die nicht ganz standhaft sind, behandelt, zeigt die Abbildung nebenan. Das Unterlegen und Ankleben eines flachen Steines sollte nach Möglichkeit an der Rückfront des Gebäudes vorgenommen werden.

ZIRKUS
OTTO
521
KL-421

KL-351
31
MR-521

Wen reizt es nicht, solche Oldtimer zu bauen oder neue Modelle zu entwickeln? – Was Sie zunächst dazu brauchen, ist eine Grundplatte, d.h. einen möglichst gleichmäßig geformten Stein. Diesen drückt man am besten auf ein Stück Knetgummi, um so an dem etwas erhöhten Stein seitlich die Räder ankleben zu können. Danach ist es nicht mehr schwer, bei entsprechender Steinauswahl quasi im Spiel ein Auto, eine Lok mit Wagen oder ein anderes Vehikel entstehen zu lassen.

Spaßmacher

Spaßmacher sollten in Ihrem Heim, an Ihrem Arbeitsplatz und auch sonst Einlaß finden. Ihren Spaß oder Ihren Kummer dürften sie manchmal mit Ihnen teilen.
Verwendet man etwas größere Steine, wie bei den abgebildeten Clowns, dann sollte unbedingt auf einen stabilen Bau geachtet werden. In unserer Abbildung zeigen die Frackenden wie so etwas zum Beispiel aussehen kann. Diese Enden kleben nicht nur oben am Frack, sondern auch an Hosen und Schuhen.
Den Kopf kann man ebenfalls stabilisieren, indem man, wie an den Beispielen zu sehen ist, mit einer Halskrause aus Steinen in passender Größe Kopf und Rumpf zusätzlich noch besser verbindet. Ähnliches kann mit den Haaren geschehen, wenn man hierzu längliche Steine verwendet.
Diese Figuren wirken besonders gut in der Gruppe.

Insekten

Bunt und groß an der Zahl ist das Reich der Insekten. Auch sie laden zum Verweilen ein und schenken uns unzählige Anregungen. Wie einfach ist es deshalb, aus diesem Überfluß zu schöpfen und Neues zu schaffen. Sind es nicht zusätzliche Perlen, z. B. unter den Edelsteinen eines Kakteenfensters oder in einer Kakteenschale, wie es die 4. Umschlagseite dieses Bändchens zeigt? Sicher finden solche Schmuckstücke auch an jedem Ort Ihrer Wohnung einen Platz.

Was wir dazu brauchen, ist ein Stein als Unterlage, auf den alles weitere geklebt werden kann. Als Steinunterlage kann auch ein Schotterstein dienen, auf dem sich ein Käfer erst so richtig festhalten kann. Die Krallen selbst malt man direkt auf den Stein. Zum Kleben der kleineren Partien, vor allem der Beine, nehmen wir eine Pinzette.

Topfpflanzen

Diese robusten Topfpflanzen stellen keinerlei Ansprüche an Wasser, Licht oder Raumtemperatur und erfreuen uns so das ganze Jahr.

Wie einfach das Eintopfen ist, zeigt uns die Abbildung unten. – Gebraucht wird außer kleinen Blumentöpfen Knetmasse, wie man sie für Trockenblumengestecke verwendet. Um Material zu sparen, füllt man den Blumentopf etwa bis zur Hälfte mit Steinen und drückt dann darauf diese Masse. Ratsam ist es, zuvor das Topfinnere mit Mattlack zu isolieren, damit sich nicht nach einer gewissen Zeit unliebsame Fettstellen an der Außenseite des Topfes zeigen.

Bemalte Steine in Zementmörtel eingelegt

Wichtig ist, daß man die Steine vor dem Einlegen auf der bemalten Seite zum Schutz mit Lack überzieht. Als Mörtelunterlage diente im vorliegenden Fall eine 12 mm starke Heraklithplatte, die von einem mit farblosem Lack isolierten Holzrahmen (Leisten 10 x 20 mm) eingefaßt ist. Als Aufhängevorrichtung drückt man durch diese Heraklithplatte einen zu einem U geformten Draht, den man auf der anderen Seite nach rechts und links umbiegt. Um Rahmen und Heraklithplatte später fest miteinander zu verbinden, schlägt man kleine Nägel in das Rahmeninnere, die nachher auf der Heraklithplatte aufliegen (siehe Abbildung). Als Mörtelmischung nehmen wir 1 Teil Zement und 3 Teile Sand. Nach dem Einlegen läßt man den Mörtel etwas ziehen und wischt dann mit Schwamm und reichlich Wasser den Rahmen ab. Die Oberfläche kann nach dem Trocknen mit Fassadenabtönfarbe eingestrichen werden.

Ölkreiden, Buntstifte sowie Filzschreiber sollen jetzt zum Einsatz kommen. – Um jedoch diese Farben in ihrer Leuchtkraft voll zum Klingen zu bringen, wäre es gut, vor allem dunkle Steine vorher weiß oder in einem gebrochenen helleren Ton zu grundieren. Natürlich ist als Untergrund ein naturbelassener Stein wie beim Frosch nicht zu verachten.

Mannigfaltig sind die Ausdrucksmöglichkeiten mit Schreib- oder Zeichenfedern. Dies zeigen die Abbildungen auf den folgenden Seiten.

Nicht weniger reizvoll ist das Ritzen von Linien. – Hierzu grundiert man zunächst den Stein zirka zweimal mit Weiß oder einem anderen hellen Farbton und überpinselt das Ganze nach dem Trocknen mit Schwarz oder sonst einem kräftigen Farbton. Mit einer Radiernadel oder einem Nagel ritzt man dann die Linien ein (siehe nebenstehende Abbildung).

Martha
Guido
Max
FRANK
GRETCHEN
Bärbel

WER EINEN
STEIN
HOCHWÄLZT,
AUF DEN ROLLT
ER ZURÜCK.

Grüße
aus Aachen
von
Beate
Ulrich
PAUL
Heidi
Gustav

SABINE
PETER
OLGA

Bedruckte Steine

Voraussetzung zum Bedrucken sind entsprechend dieser Technik möglichst *glatte Steine.* – Daß man porige Steine mit *Moltofil* ausspachteln kann, wurde bereits auf Seite 3 erwähnt. Wenn möglich sollte man dies jedoch vermeiden.

Zum Drucken auf Steinen eignen sich am besten *JAPAN-AQUA-Farben.* Drucken kann man natürlich auch mit *PLAKA-* oder *TAMMA-Farben*, nur muß damit flinker gearbeitet werden, denn diese Farben trocknen verhältnismäßig rasch.

Die Auswahl an Stempeln ist groß, wobei die nächstliegenden unsere *Finger* sind, mit denen wir es ebenso versuchen sollten. – Tupfen Sie mit diesen die Farbe zuerst auf einem Karton, einer alten Zeitung oder ähnlichem etwas aus. Von dort übertragen Sie dann mit dem Zeige-, Mittel-, Ring- oder auch mit dem kleinen Finger, mit welchem fast kreisrunde Tupfer aufgedruckt werden können, die Farben mit nicht zu festem Druck auf den bereitgelegten Stein. – Jede Fingerkuppe kann man mit einem anderen Farbton einfärben und damit drucken. Im Nu haben Sie so den farbenprächtigsten Briefbeschwerer. – An diesem bunten Spiel können sich auch unsere Jüngsten beteiligen. Diese sollten dazu jedoch *Fingerfarben* nehmen. Fingerfarben eignen sich allerdings nicht für die nachfolgend aufgeführten Stempelarten.

Sehr gute Stempel kann man aus festen rohen *Kartoffeln* fertigen. Nur – Kartoffelstempel werden nach einem Tag schrumpelig. – Lassen Sie sich trotzdem nicht von dieser Art Stempel abhalten. Nehmen Sie dazu kleine, feste, rohe Kartoffeln und zerschneiden diese. – Aus den geteilten Erdäpfeln können Sie auch mit einer Schneidefeder, einem Taschen- oder kleinen Küchenmesser Formen schneiden, die man mit einem gut gespitzten Buntstift auf die Schnittfläche leicht vorzeichnen kann.

Sehr dankbar zum Stempeln sind weiter große und kleine *Flaschenkorken,* mit denen man runde Flächen drucken kann. Teilen Sie diese Rundkorken mit einem scharfen Messer, dann erhalten Sie weitere Formen.

Mit *Hohlkorken* können Sie Ringe drucken. Dasselbe geht auch mit Abschnitten von festeren *Schläuchen*, sei es das kleine Teilstück eines ausgedienten Schlauches vom Wasserhahn in der Küche oder von einem Gartenschlauch. – Ausgezeichnete Stem-

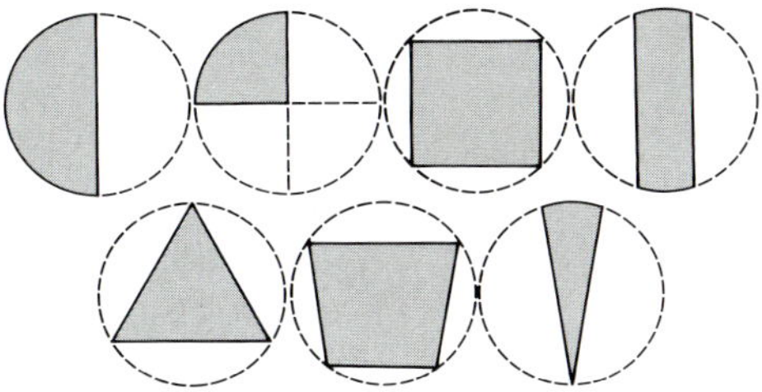

pel erhält man aus zerschnittenen *Radiergummis,* aus denen man mit einem scharfen Messer Formen schneiden kann.

Schmale und etwas breitere Linien drucken Sie mit dünnen und stärkeren Pappen, die in handliche, nicht zu große Streifen geschnitten werden. Als Druckfläche verwendet man am sinnvollsten die bereits bestehende, maschinell vorgeschnittene Seite, die eine glatte Schnittfläche garantiert.

Es dürfte nun nicht mehr schwer sein, noch weitere Materialien zu finden, mit denen man ebenfalls drucken kann. Seien es irgendwelche Schaumstoffe, Stücke von Hartgummibändern und vieles mehr.

Auf die bereits genannten Stempel trägt man die unverdünnte Farbe mittels eines Pinsels entweder direkt auf, oder man wählt den bequemeren Weg und überstreicht oder überwalzt mit einer Gummiwalze zuerst eine Glas- oder sonstige nichtsaugende Platte mit Farbe. Auf diese eingefärbte Fläche drücken Sie dann zum Einfärben Ihren Stempel. Die mit Wasser gesättigten Kartoffelstempel muß man vor dem Einfärben auf ein Löschpapier oder Papiertaschentuch drücken, damit die auf

dem Stempel anschließend aufgetragene Farbe nicht zu sehr verwässert wird. – Haftet mit der Zeit am seitlichen Rand eines Stempels etwas zu viel Farbe, so wischt man diese mit einem Lappen oder Papiertaschentuch weg.

Beim Bedrucken stützt man sich am besten mit dem kleinen Finger etwas ab. Das heißt, zuerst verschafft man sich mit diesem die notwendige Sicherheit auf dem Stein und drückt dann den Stempel auf. Den Stempel rollt man beim Drucken entsprechend der

Steinform immer ein wenig ab. – Deckt beim Stempeln eine Farbe an einer Stelle nicht wie gewünscht, kann man mit einem Pinsel und etwas Farbe nachtupfen, oder man färbt den Stempel ein zweites Mal ein und überdruckt diese Partie nochmals. – Nehmen Sie dies jedoch nicht zu genau, denn gerade solche Unebenheiten, d.h. solche Zufälligkeiten machen das Ganze so lebendig.

Drucken Sie mehrere Farben übereinander, dann lassen Sie die jeweils vorangegangene zuerst etwas antrocknen. – So

druckt man z.B. bei einem Auge zuerst die weiße Fläche, darauf dann die Iris und zuletzt die Pupille. – Für die weiße Fläche sowie für die Iris wurden also zum Drucken keine Ringe gebraucht.

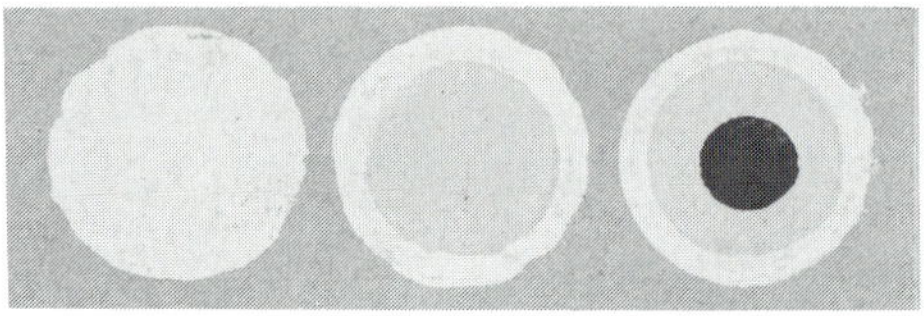

Durch entsprechenden Übereinanderdruck können überhaupt neue Formen entstehen, wie es die nachfolgenden Muster zeigen.

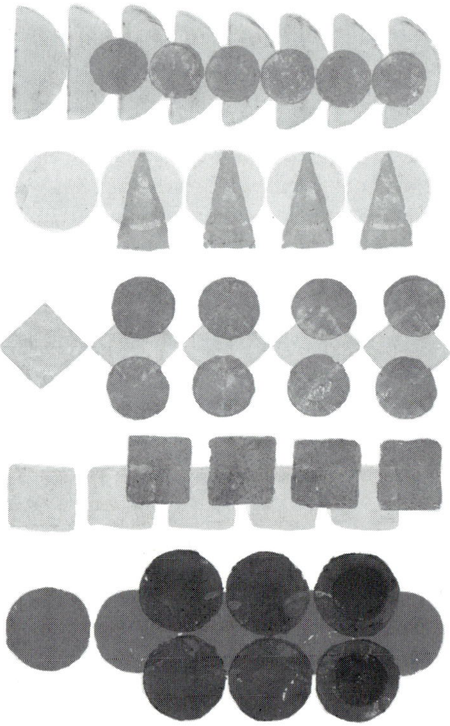

Möchten Sie sich mit dieser Technik erst etwas anfreunden, dann probieren Sie das Drucken auf Schreibpapier, alten Zeitungsblättern und dergleichen aus. Vielleicht besorgen Sie sich danach von einem Plattenleger oder aus einem Baustoffgeschäft einfarbige, 10 x 10 cm große *Hartsteinplatten,* die zum Plätteln von Fußböden verwendet werden, und bedrucken diese. – Sie sind, mit einem Dekor versehen, als Untersetzer immer und überall willkommen.

Mit sehr viel Spaß beteiligen sich auch Kinder im Vorschulalter an diesem bunten Spiel, wenn man ihnen solche Steinplatten besorgt, welche sie mit den Fingern oder auch mit der ganzen Hand mittels Fingerfarben bedrucken dürfen. Es können dabei die tollsten Kunstwerke entstehen, mit denen man Omas, Opas, Tanten und Onkels beglücken kann.

Alle mit JAPAN-AQUA-Farben sowie mit Fingerfarben bedruckten Steine sollte man mit farblosem Sprühlack überziehen.

Monotypien

Für die hier abgebildeten Monotypien brauchen Sie *glatte,* möglichst *flache Steine.* Die Monotypien werden folgendermaßen gemacht: Falten Sie zunächst ein gut geleimtes Blatt *Schreibmaschinenpapier* (noch besser Kunstdruckpapier, z. B. von alten Prospekten), legen dieses aufgefaltet vor sich hin und nehmen *JAPAN-AQUA-Farben.* Diese tragen Sie unverdünnt mit Hilfe eines Borstenpinsels, eines Kartonstreifens, eines alten Küchenmessers oder mit den Fingern auf die eine Hälfte des

Papiers auf. Dabei können Kreise, Halbkreise, Punkte oder Linien entstehen. Die Farben kann man dabei auch ineinanderziehen. Tragen Sie die Farben nicht zu dünn, aber auch nicht zu dick auf. – Die Größe der einzufärbenden Fläche auf dem Papier richtet sich jeweils nach dem Ausmaß des von Ihnen bereitgelegten Steines. Nach den beschwingten Kleckserein auf der einen Hälfte des Blattes legen Sie dieses an der von Ihnen bereits vorgefalteten Stelle erneut zusammen und streichen mit der Hand darüber. – Das anschließend wieder auseinandergefaltete Blatt mit dem entstandenen Abklatsch auf der Gegenseite legen Sie dann vorsichtig auf den Stein und reiben das Motiv behutsam, ohne dabei das Papier zu verrutschen, mit den Fingerkuppen auf diesen. Man drückt das Blatt dabei vorsichtig mit zwei Fingern an einer Stelle, an der man keinen Schaden anrichten kann, auf den Stein.
Geht ein Andruck daneben, ist dies nicht weiter schlimm. JAPAN-AQUA-Farben lassen sich mit Wasser und Bürste vom Stein sofort wieder beseitigen.
Überziehen Sie die fertigen Steine mit *farblosem Sprühlack.*

Air Mail Par avion
POSTCODE
CANADA
32
Canada 5
FREITAG

Halsschmuck

Zur Gestaltung des hier abgebildeten Halsschmuckes wurden außer Kieselsteinen Hanfschnur, Lederschnüre, Kordeln und Zwirn verwendet. Diese wurden, wie es die Abbildungen zeigen, entweder um den Stein geklebt und rahmen den Stein so ein oder der Stein bekommt ein Mützchen. Das Mützchen wird folgendermaßen begonnen:

Man verknotet zunächst 2 dünne Schnüre, noch besser Zwirnfäden (zu berücksichtigen: ab dem Knoten entsprechend lange Enden), klebt diesen Knoten sodann auf den Stein und legt bzw. klebt die beiden Enden dann enganliegend um die Steinkuppe.

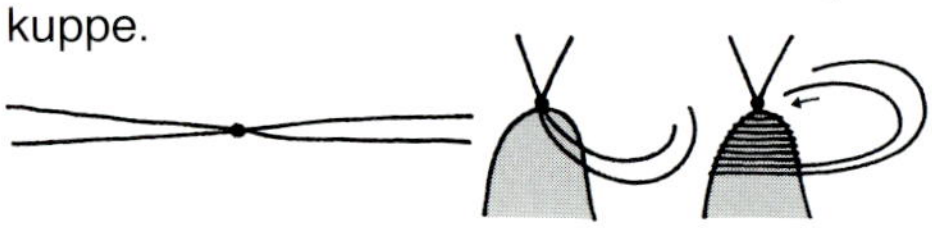

Es würde sicher zu weit führen, jetzt von jedem Anhänger in ausführlichen Erklärungen die Einzelheiten zu beschreiben wie und wo die Schnüre verknotet, wo solche zusammengedreht worden sind und vieles mehr. – Die gezeigten Modelle möchten Sie ja nur anregen, Neues zu schaffen.

Beim Spannen der Schnüre und Fäden um den Stein muß man daran denken, daß beim Anhänger nicht immer die Vorderseite zu sehen ist, denn beim Tragen des Anhängers zeigt sich zeitweise auch die Rückseite. Es sollte also wenn möglich die Vorder- und Rückseite zusammen gestaltet

werden. – Die Rückseite eines Steines von Seite 45 ist auf Seite 4 unten zu sehen.

Für den Stein Nr. 1 auf Seite 47 wurden die Lederschnüre wie folgt angebracht: a) um den Stein wurde eine Schlinge gelegt; b) ein zweites Teilstück dann eingeschoben; dieses überschneidet also auf der Vorderseite die Schnur, wonach dann beide Schnurenden parallel c) auf der Rückseite zum Abschnüren nach oben gezogen wurden.

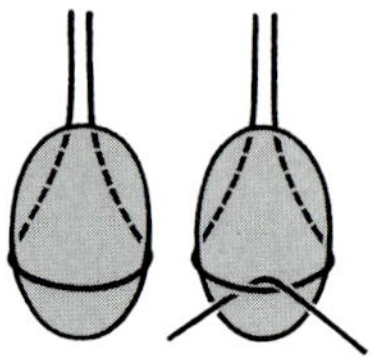

Für den Stein Nr. 3 wurde dort, wo die Lederschnur mit Zwirn abgebunden worden ist, diese mit einem scharfen Messer geteilt, wodurch 4 Teile entstanden.

Bei Nr. 4 liegt eine Lederschlaufe zugrunde (a). Ein zweites Teilstück (b) wurde mit Zwirn unten angeschnürt, dann ein passender Stein eingelegt und (c) dieses dann oben mit der Grundschleife zusammengenommen und ebenfalls verschnürt.

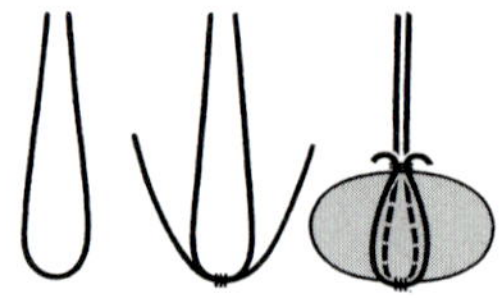

Das Lederband des Anhängers Nr. 6 wurde dreimal geschlitzt, wie es die Zeichnung zeigt, und der mit Zwirn bespannte Stein anschließend aufgeklebt.

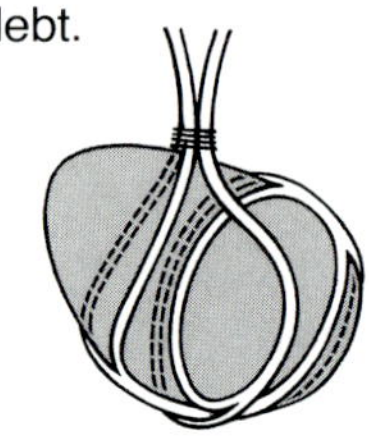

Die Abbildungen unten möchten dazu anregen, kleine Broschen zur Bereicherung eines Kleides oder Pullovers selbst zu gestalten. – Es gibt aber auch viele flache Kieselsteine mit interessanten Zeichnungen, die man gar nicht bemalen sollte.

Solche Steine, mit einer Nadel versehen, die man in Bastelgeschäften bekommt, sind Schmuckstücke, an denen man sich bestimmt nie satt sieht.

1
2
3
4
5
6

ISBN 3-7724-0566-5 · Best.-Nr. 817

Auflage: 10. 9. 8. 7. 6. | Letzte Zahlen
Jahr: 1993 92 91 90 89 | maßgebend

frech-verlag
GmbH + Co. Druck KG Stuttgart
Druck: Frech, D-7000 Stuttgart 31